TÜRKEI

KARL MÜLLER

Gestaltung: Anna Galliani
Karte: Cristina Franco

Via C. Sassone 22/24
13100 Vercelli, Italien

2003 Herausgegeben in Deutschland
von Verlag Karl Müller GmbH
www.karl-mueller-verlag.de

ISBN 3-89893-568-X

Gedruckt in Singapur

REISE DURCH DIE TÜRKEI

INHALT

Links *Die Hagia Sophia in Istanbul wurde ursprünglich als Gotteshaus der Christen errichtet und 1454 in eine Moschee umgewandelt. Kemal Atatürk beschloss, dass eine solche Schönheit nicht einer einzigen Religion vorbehalten sein dürfe: Er richtete ein Museum ein, das den Anhängern aller Religionen offensteht.*

Rechts *Wie in vielen orientalischen Städten spielt sich auch in der Türkei ein Großteil des Lebens auf der Straße ab - ein Wasserverkäufer in Istanbul.*

S. 1 *Das Kastell St. Peter in Bodrum wurde im 15. Jahrhundert von den Johannitern erbaut. Heute weht hier die türkische Fahne.*

S. 2/3 *Das Wasser vor der Insel Kekova an der Mittelmeerküste birgt interessante archäologische Funde. Wie viele türkische Küstenorte ist auch Kekova ein beliebtes Ziel für Taucher.*

S. 4/5 *Kappadokien: Bizarre Formen in Tuffstein. Der Name der Region ist aus dem persischen katpatukia entstanden, was soviel wie »Land der schönen Namen« bedeutet.*

S. 6/7 *Das römische Theater von Aspendos in der Nähe von Antalya, eines der besterhaltenen seiner Art, wird noch heute für Musik- und Theateraufführungen genutzt.*

BULGARIEN
SCHWARZES MEER
EDIRNE
ISTANBUL
Bosporus
Marmara-Meer
Dardanellen
TRUVA (TROJA)
BURSA
Köroğlu Dağları
Sakarya
Kızılırmak
ESKIŞEHIR
ANKARA
Porsuk
BERGAMA (PERGAMON)
ÄGÄISCHES MEER
ANATOLIEN
IZMIR
Gediz
Tuz Gölü (Großer Salzsee)
HIERAPOLIS
MILET
APHRODISIAS
KONYA
BODRUM
ANTALYA
FETHIYE
Toros Dağları
ADANA
MERSIN
RHODOS
Göksu
KRETA
MITTELMEER
ZYPERN

Links *Side am Golf von Antalya ist in den letzten Jahren zu einem Touristenmagneten avanciert. Die Umgebung ist mit ihren römischen Ruinen ein wahres Freilichtmuseum.*

Unten *Auch Marmaris an der Ägäisküste ist ein lebhaftes Tourismuszentrum geworden. Der malerische Ort liegt auf einer Halbinsel, die in das azurblaue Wasser des Golfs hineinragt.*

S. 12/13 *In der Nähe von Uçhisar im Herzen Kappadokiens: In die Tuffsteinfelsen wurden Höhlen gehauen, die durch Gänge miteinander verbunden sind. Diese Höhlen werden heute als Lager benutzt.*

S. 14/15 *Istanbul, am Bosporus gelegen – der Meerenge, die Europa und Asien voneinander trennt –, ist die Stadt der Kuppeln und Minarette. Im Vordergrund die Dächer des Topkapı-Serails.*

DIE TÜRKEI ZWISCHEN TRADITION UND MODERNE

Die türkische Sprache, jene melodische Ansammlung von Umlauten, ist eine Erinnerung an die Herkunft des türkischen Volkes aus den weiten Steppenräumen Zentralasiens. Langsam trieben die Gezeiten der Geschichte dieses Volk immer weiter nach Westen. In Nordpersien kommt es dann zur prägenden Berührung mit der islamischen Hochkultur und aus Nomaden werden Staatsgründer. Gegen Ende des 11. Jahrhunderts errichtet die Dynastie der Seldschuken ein erstes türkisches Sultanat auf anatolischem Boden. In den Wirren der Mongolenstürme des 13. Jahrhunderts zerfällt das Seldschukenreich, doch in den folgenden Jahrhunderten wird das Herrscherhaus der Osmanen das türkische Volk zu seiner historischen Bestimmung führen: Ganz Kleinasien wird erobert, der Balkan unterworfen und für einen kurzen Wimpernschlag der Geschichte, während der Belagerung Wiens von 1683, scheint selbst Mitteleuropa zur Beute bestimmt. Doch als Großwesir Kara Mustafa den Entsatztruppen des polnischen Königs Jan Sobieski unterliegt, beginnt die Agonie des Osmanischen Reiches und riesige Gebiete gehen an Habsburg und Rußland verloren. Der Zynismus des Westens kreiert einen neuen Titel für den Sultan in KONSTANTINOPEL: »der kranke Mann am Bosporus«.

Endgültig wird mit der katastrophalen Niederlage im Ersten Weltkrieg deutlich, wie überlebt das Staatssystem der Osmanen war. Einzig in radikalen Reformen schien die Zukunft des türkischen Volkes zu liegen und so bricht die Moderne wie ein Ungewitter über die Türkei herein: 1923 wird das Sultanat abgeschafft, die Republik proklamiert und die Hauptstadt von ISTANBUL nach ANKARA verlegt. Ein halbes Jahrzehnt später wird die Türkei zum säkularen Staat erklärt, der Islam und die religiösen Gerichte verlieren ihren verfassungsmäßigen Status und die arabische Schrift wird durch lateinische Buchstaben ersetzt. Unermüdlicher Motor dieses rasanten Wandels ist der ehemalige Oberkommandierende und spätere Staatspräsident Mustafa Kemal, besser bekannt unter seinem Ehrentitel Atatürk, Vater der Türken. Heute zeigt die ehrgeizige politische Vision ihre Schattenseiten: Zu klein ist der Spielraum für ethnische Minderheiten, zu wenig wird der politischen Dynamik des Islam Rechenschaft getragen. Der nicht enden wollende Kurdenkonflikt und ein wachsender Fundamentalismus sind die traurigen Folgen.

In der Wirtschaft wurde erst zu Beginn der achtziger Jahre ein konsequent liberalistischer Kurs eingeschlagen,

TURKISH MARITIME LINES

nach wie vor ist jedoch die Landwirtschaft der wichtigste Arbeitgeber der 21 Millionen Erwerbstätigen der Türkei, gefolgt von Bauwirtschaft und Tourismus.

»So alt, so wirr von Pracht«: Istanbul

ISTANBUL ist ein Labyrinth der Geschichte; in seinen Gassen lebt die Erinnerung an zwei Kulturen, zwei Religionen, zwei Weltreiche. Schon im 7. Jahrhundert vor Christus hatten griechische Kolonisten die außergewöhnliche Lage des Ortes – Brücke zwischen Europa und Asien und Pforte zum Schwarzen Meer – für sich entdeckt. Trotzdem sollte für ein langes Jahrtausend ihre Niederlassung BYZANTION im Schatten von Athen und Rom stehen, bis im Jahre 330 der römische Kaiser Konstantin die Provinzstadt zum neuen Haupt der Welt erhebt und sie zur Verherrlichung seines Namens KONSTANTINOPEL nennt.

Ironischerweiser überlebten die Gebäude des Stadtgründers nicht die Zeitläufte, und so sind es die Monumente seiner Nachfolger, die heute das Bild von Konstantinopel prägen. Galt schon die im Jahre 424 vollendete Landmauer Theodosius II., 5,7 Kilometer lang und bewehrt mit 96 Wachtürmen, als architektonische Meisterleistung, so wurde die Hagia Sophia als ein neuer Tempel Salomos gefeiert. Justinians Generäle warfen die Barbarenvölker der Goten und Vandalen nieder, seine Juristen schufen bleibende Gesetzessammlungen, und der Purpurgekleidete selbst war nicht nur weltlicher Herrscher von BYZANZ, sondern auch unangefochtenes Oberhaupt der Ostkirche – Papst und Kaiser in einer Person.

Mit dem Aufstieg des Islam beginnt der Untergang OSTROMS: Immer öfter fallen Städte, Regionen und ganze Provinzen an den islamischen Gegner. Und selbst die Kreuzzüge, eigentlich als Hilfe für das östliche Christentum gedacht, werden zur Katastrophe für Konstantinopel. 1204 plündern Kreuzritter tagelang die Stadt; seit diesen Tagen kontrolliert Venedig den lukrativen Mittelmeerhandel und so verarmt das Reich.

An einem Maitag des Jahres 1453 endet dann der tausendjährige Traum vom zweiten Rom: Mächtige Kanonen brechen die Mauern der Stadt, die kleine Zahl der Verteidiger wird niedergemetzelt und im Triumph zieht Sultan Mehmed II. in die Stadt ein. Mit den türkischen Eroberern kehren Wohlstand und Luxus in die verödete Stadt zurück. Die neue Residenz der Osmanen avanciert zum Inbegriff urbaner Lebensart – und so bedeutet Istanbul auch nichts anderes als »in die Stadt«. Das einstige Reitervolk baut Paläste, Basare und Badehäuser und kein Sultan des Reiches versäumt es, die Stadt um eine Moschee zu bereichern.

Herrschaftszentrum der Sultane war der Topkapı Saray. Gewaltig war der Hofstaat und so groß die Zahl der Beamten, Soldaten, Eunuchen und Haremsdamen, dass 1000 Mann Küchenpersonal nötig waren, um den gigantischen Hunger dieses Molochs zu stillen.

Auf den Spuren der Antike

Seit dem 1. Jahrtausend vor unserer Zeitrechnung besiedeln griechische Stämme, Ionier genannt, getrieben von der Armut des Mutterlandes die Küstenregionen Kleinasiens. Noch heute künden magische Städtenamen wie TROJA, MILET, EPHESOS und PERGAMON vom Aufstieg und Fall des Hellenentums auf türkischem Boden. Ohne die Dichtungen Homers wäre TROJA der Vergessenheit verfallen und kein Schliemann hätte mit der Ilias in der Hand das Ruinenfeld von HISSARLIK durchwühlt. In seiner großen Gier nach Schätzen und Beweisen hatte der Pfarrerssohn und Selfmade-Millionär ein ganzes Jahrtausend zu tief gegraben und dabei jene Siedlungsschicht von ca. 1260 v. Chr. teilweise zerstört, die als Zeitzeuge der Kämpfe zwischen Griechen und Trojanern in Frage kommt. PERGAMON ist eine recht junge Stadt in dieser alten Welt Kleinasiens. Erst im Hellenismus, jener Periode, die dem Siegeszug Alexanders des Großen folgte, wurde sie von dessen Feldherrn Lysimachos gegründet. Die Stadt avancierte zum Zentrum hellenistischer Kunst und Kultur, besonders die Bibliothek mit ihren 200 000 Schriftrollen wurde berühmt. Religiöses Zentrum Kleinasiens war EPHESOS, neben Delphi der wichtigste Wallfahrtsort der Antike. Gigantisch war das Artemision der Epheser, eines der Sieben Weltwunder: In der Grundfläche viermal so groß wie der Athener Parthenon, war der Tempel von einem Wald von 127 Säulen umkränzt, jede 19 Meter hoch. Der Bau wurde in einer einzigen Nacht vernichtet: Herostrat, ein Wahnsinniger, zündete den Tempel an, damit sein Name unsterblich werde. An den Ufern des Flusses

Rechts *Marmaris im Licht der Abenddämmerung. Zu dieser Tageszeit, wenn der Touristenrummel sich etwas gelegt hat, zeigt sich die zauberhafte Gegend von ihrer schönsten Seite.*

S. 18/19 *Das Stadtbild des an der Mittelmeerküste gelegenen Alanya wird von der großen Seldschukenfestung auf einer 80 Meter hohen Anhöhe beherrscht.*

NETSEL

Mäander, in MILET, stand die Wiege der griechischen Philosophie. Durch eine genaue Beobachtung der Natur suchte Thales von Milet nach der rationalen Erklärung ihrer Phänomene. In politischen Fragen hingegen bewiesen die Milesier weniger Weisheit, sie unterschätzten die Macht und Stärke der Perser. Ihre Rebellion gegen den Großkönig wurde niedergeworfen und 494 v. Chr. Milet dem Erdboden gleichgemacht. Daher sind es die Bauten der römischen Periode, die heute an die Geburtsstätte des modernen Denkens erinnern.

Zentralanatolisches Kaleidoskop

Idealer Ausgangspunkt einer Reise durch ANATOLIEN ist die Zweimillionenstadt ANKARA: Als Atatürk sich 1923 für diesen Ort als Sitz der türkischen Regierung entschied, war die Metropole noch eine bescheidene Kleinstadt mit gerade einmal 30 000 Einwohnern. Seit dem 2. Jahrtausend v. Chr. besiedelt, war Ankara in römischer Zeit Hauptstadt der Provinz GALATIEN.

KAPPADOKIEN, im Süden Zentralanatoliens, ist eine verwirrende Landschaft. Gleich riesigen Termitenhügeln ragen Tuffsteinkegel in den Himmel. Doch gerade diese Unwirklichkeit zog magnetisch christliche Mönche an, die fern aller Städte Kapellen und Kirchen ins weiche Tuffgestein schnitten. Zahlreiche Karawansereien im Umkreis KONYAS erinnern daran, dass sich hier die großen Handelsrouten zwischen Orient und Okzident kreuzten. Paulus machte auf seinen Missionsreisen genauso in Konya Station, das damals noch IKONIUM hieß, wie ein Jahrtausend später Friedrich Barbarossa auf seinem Kreuzzug ins Heilige Land.

Wege durch Ostanatolien

Mächtige Gebirge türmen sich im Osten der Türkei auf, Höhen von 3000 und 4000 Metern sind in dieser alpinen Welt keine Seltenheit. Der Winter hat in OSTANATOLIEN einen langen Atem; so verzeichnet zum Beispiel die Universitätsstadt ERZURUM 120 Tage Schnee und Eis im Jahr. Im Frühjahr speisen die Schmelzwasserfluten dieser Region nicht nur das Binnenmeer des Van-Sees – mit 3760 km^2 siebenmal so groß wie der Bodensee – sondern auch die »Schicksalsströme der Menschheit«, Euphrat und Tigris.

Nördlich von URFA, dem EDESSA des Altertums, erstreckt sich die alte Kulturlandschaft des Königreichs von Kommagene. Ursprünglich Statthalter der persischen Großkönige, arrangierten sich die Herrscher aus der armenischen Dynastie der Orontiden mit den Nachfolgern Alexanders des Großen, um dann selber als hellenistische König zu regieren. Atemberaubendes Monument ihres Herrschaftsanspruches sind die Figuren des Nemrut Dağı, Wächter über das Grab des um 35 v. Chr. verstorbenen Antiochos I.

Wenn man auf den alten Handelsrouten weiter nach Osten zieht, erreicht man Diyarbakır. Komfortabel waren die Karawansereien der Stadt und üppig ihre Bäder. Östlich von Diyarbakır gelangt man an die Ufer des Van-Sees. Zahlreiche Kirchen und Klosterruinen erinnern daran, dass jahrhundertelang die christlichen Armenier diese Landschaft prägten. Besonders berühmt ist die Heiligkreuzkirche auf der Insel ACHTAMAR inmitten des Van-Sees. Hier hatte der Katholikos, das Oberhaupt der armenischen Kirche, seinen Sitz.

In den vom Gebrüll der Lastkamele erfüllten Tagen der Vergangenheit galt ERZURUM als die wichtigste Zwischenstation zur Schwarzmeerküste und als Schlüssel zum Osten des Osmanischen Reiches. Weiter führt die Handelsroute über ASKALE und BAYBURT in die Hafenstadt TRABZON. Hier fanden die Luxusgüter aus dem Orient, die Seide, die Gewürze und Wohlgerüche, ihren Weg in die unersättlichen Bäuche venezianischer und genuesischer Handelsschiffe.

Der Ruf des Muezzins

Mit der ersten Morgendämmerung erschallt das *Allahu Akbar*, »Gott ist unermesslich groß«, des Muezzin. Der Ruf vom Minarett fordert die Gläubigen zur ersten Verneigung vor Gott auf, vier weitere Ritualgebete folgen und geben dem Tag seine Struktur. Trotz aller europäischen Modernität, die Türkei bleibt das fünftgrößte islamische Land der Erde und die Gebote und Anweisungen des Koran prägen das Leben der Menschen.

Während man normalerweise an jedem Ort sein Gebet ausüben kann, ist am Freitag der Muslim angehalten, die Moschee aufzusuchen. Die Moschee ist jedoch mehr als nur ein Ort der gemeinsamen Religionsausübung; sie ist der Lebensmittelpunkt der Menschen, ein Raum des Dialogs und der Ruhe, ein Ort für Besinnung und Lehre. Wichtigster Orientierungspunkt innerhalb der Moschee ist die Gebetsnische, die dem Gläubigen die Richtung gen Mekka weist. Daneben gehört zur Grundausstattung des Gebetsraumes eine trepppenartige Kanzel für die Freitagspredigt des Imams. Der Islam fordert Toleranz gegenüber anderen Offenbarungsreligionen: Die Osmanen ließen das Patriar-

Oben *Eine Festung bei Tlos. In den Fels hat man Grabstätten gehauen, wie es häufig praktiziert wurde. Die Felsgräber von Myra, Tlos und Termessos sind wertvolle Zeugen für Baukunst und Bräuche des lykischen Volkes zwischen dem 6. und dem 3. Jahrhundert v. Chr.*

Unten *Das Theater von Termessos, einer der blühendsten Städte der Antike, wurde in hellenistischer Zeit in den Felsen gehauen und bot 4000 Zuschauern Platz. Die Zahl der Einwohner von 15 000 zwischen dem 2. und dem 3. Jahrhundert v. Chr. ging unter den Römern stetig zurück. Ein Erdbeben im 7. Jahrhundert zerstörte die Stadt vollständig.*

Oben *Das römische Theater von Hierapolis wurde im 2. Jahrhundert n. Chr. errichtet. Mehr als 25 000 Zuschauer fanden hier Platz.*

Unten *Dieser vollendet gearbeitete Kopf der Medusa, der in einen Fries des Apollotempels von Didyma gehauen wurde, entstammt der Bildhauerkunst des 2. Jahrhunderts n. Chr. Trotz der eindrucksvollen Friese und wohl wegen der überwältigenden Ausmaße des Bauwerks wurde der Komplex nie fertig gestellt.*

S. 22/23 *Entlang der Küste von Üçağiz kann man eine ungewöhnliche türkische Nekropolis entdecken. Die lykischen Sarkophage wurden unmittelbar am Ufer aufgereiht, am Ende eines kleinen Pfades, der von der Hauptstraße Kaş-Demre abgeht.*

S. 24/25 *Der Gebetssaal der Blauen Moschee: Die Moschee wurde im 17. Jahrhundert errichtet, um mit der Hagia Sophia in Konkurrenz zu treten.*

chat von Konstantinopel unangetastet und nahmen aus Spanien vertriebene Juden auf. Die schrecklichen Verfolgungen der Armenier während des Ersten Weltkriegs und die Vertreibung der Griechen in der Nachkriegszeit waren nicht Resultat der islamischen Religion, sondern Folge einer westlichen fixen Idee namens Nationalismus. Die Gründe für jene zuweilen fanatischen Züge des Fundamentalismus in der Türkei sind nicht im Koran zu suchen, sondern in sozialem Elend und Orientierungslosigkeit.

Schattenspiele und Tulpenmuster

Das vom Propheten erlassene Verbot, Lebendiges abzubilden, darf nicht nur als Beschränkung bewertet werden. Die Abkehr von realer Darstellung förderte neue, abstrakte Kunstformen. Vom Ballast der Bauplastik befreit, bestimmen Kuppeln, Pfeiler und Bögen den Rhythmus und die Musikalität der osmanischen Architektur. In den Kirchen BYZANZ' sollte der Glanz der Mosaiken Gott preisen, in den Moscheen Sinans ist es das reine Licht. Eine weitere Besonderheit dieses Genies war die Übersetzung von Elementen der Holz- und Zeltarchitektur in die Sprache des Steins. Lange beherrschte der würdevolle Ausdruck Sinans die osmanische Architektur, bis im 18. Jahrhundert sein Stil verspielteren Formen weichen musste. Es ist die sogenannte Tulpenzeit; der Kult um die Schönheit dieser Blume war eine zierliche Antwort des Orients auf das Rokoko Europas. Auch die Poesie spiegelt das überfeinerte Lebensgefühl der Tulpenzeit wider. Die zarten Nichtigkeiten der Liebe sind das zentrale Thema und die Sprache der Lyrik ergeht sich in blumigen Bildern.

Populärste Figur der türkischen Literatur ist zweifelsohne Nasreddin Hodcha, ein philosophischer Till Eulenspiegel, der die Eitelkeiten und Schwächen seiner Mitmenschen entlarvt. Noch deftiger hält das *karagöz* den Menschen den Spiegel vors Gesicht; alle Untiefen des menschlichen Charakters werden im türkischen Schattenspiel ausgelotet.

Glücklicherweise fallen auch florale Motive nicht unter das Bilderverbot, wie kahl wären sonst die Wände der Harems, Paläste und Moscheen ohne jene Haine und Beete aus Zypressen, Rosen und Tulpen – Gärten aus Wandkacheln als Vorahnung der Freuden des Paradieses. Zu Beginn des Osmanischen Reiches mussten solche hochwertigen Fayencen noch aus Persien importiert werden. Dies änderte sich im Jahre 1514, als Sultan Selim der Gestrenge nach einem Feldzug persische Handwerker als Beute heimbrachte und diese zwangsweise in İZNIK ansiedelte. Mit diesem Datum

beginnt die Karriere der Stadt als Zentrum der Keramikherstellung. Was İznik für die Keramik, ist HEREKE für die Teppichherstellung. Doch im Gegensatz zur Fayencekunst reicht die Tradition der Teppichherstellung weit in die nomadische Vergangenheit des türkischen Volkes zurück. Türkische Teppiche sind geheimnisvolle Gemälde und nur westliche Ignoranten betreten diese Kunstwerke mit Straßenschuhen.

Die schwere Süße des Honigs

Das Kaffeehaus fokussiert europäische Orientphantasien. Wasserpfeife und Mokkakanne scheinen uns unerlässliche Requisiten dieser fernen Welt. Als Helmuth von Moltke im 19. Jahrhundert die Türkei bereiste, fehlten in keinem der Kaffeehäuser die speziellen Diener im Dienste der Wasserpfeife. Der langsame Genuss der Wasserpfeife, die »getrunken« und nicht geraucht wird, ist jedoch längst der schnellen Zigarette gewichen. Trotzdem hat das *cayhane* – wörtlich also Tee- und nicht Kaffeehaus – nichts an seiner Anziehungskraft für die türkische Männerwelt verloren. Traditionell Ort geistiger Freiheit, wird hier über Politik gestritten, die Probleme des Alltags beklagt und die Triumphe der vergötterten Fußballstars gefeiert.

Feminines Gegenstück zum *cayhane* ist das *patsahane*. Hier gibt es *baklava*, ein sinnlich-süßer Blätterteig mit Nüssen, getränkt in Sirup und Honig, und so exotisch klingendes Gebäck wie »Frauennabel« oder »Lippen der Schönen«. Auch manches türkische Hauptgericht trägt einen erotisch-kannibalistischen Namen; besonders schmackhaft sind »Frauenschenkel«, eine würzige Hackfleischmischung mit Zwiebeln und Knoblauch. Neben Fleisch spielt Fisch eine große Rolle in der türkischen Küche, der allerdings am besten in Sichtweite des Meeres verzehrt werden sollte. Kein türkisches Menü ist ohne Vorspeise und Suppe komplett. Besonders beliebt bei Bauern und Trinkern ist eine Kuttelsuppe, *iskembe corbasi*, gleichermaßen wegen ihrer stärkenden und ernüchternden Wirkung geschätzt. Ursache der meisten türkischen Kater ist der *raki*, ein hochprozentiger Anisschnaps, bekömmlich als kleiner Digestif, mörderisch nach durchzechter Nacht. Daneben wird aber auch viel Bier getrunken, wesentlich ungefährlicher mit seiner bescheidenen Stammwürze. Wer auf Alkohol verzichten möchte, dem sei *ayran*, ein Getränk aus verdünntem Joghurt empfohlen. Dieses alte Nomadengetränk mildert die Schärfe von Speisen und erfrischt bei großer Hitze.

DIE SCHÄTZE DER NATUR

Links oben Das von einer Festung beherrschte Städtchen Kale an der Ägäisküste ist von Orangenplantagen umgeben. Ganz in der Nähe befinden sich die lykischen Felsgräber von Myra.

Links unten Im See Van (etwa siebenmal so groß wie der Bodensee) gibt es aufgrund seines hohen Salzgehaltes kaum Leben. Auf der kleinen Insel Achtamar befindet sich eine kleine armenische Kirche aus dem 10. Jahrhundert. Die hier ansässigen Völker leben seit jeher von Ackerbau und Viehzucht.

Rechts Die »Feentürme« in Kappadokien sind das Ergebnis der Erosion. Viele der in den weichen Tuffstein gehauenen Felsenwohnungen werden noch heute genutzt.

Festungen auf dem Wasser

Links oben Entlang der ganzen türkischen Mittelmeerküste finden sich Burgen und Festungen. Die Ähnlichkeit dieser Anlage in der Nähe von Bozyasi mit westeuropäischen Burgen des Mittelalters lässt sich leicht erklären: Die Kreuzritter bauten sie nach der Eroberung ihrem Geschmack gemäß um.

Links Mitte Das Kastell St. Peter in Bodrum wurde von Kreuzrittern erbaut. Erst Süleyman der Prächtige vertrieb die Christen und ließ die Anlage in eine Festung für sein Heer umbauen.

Links unten Die Festungsanlage von Gelibolu. Heute ein friedliches Fischerdorf, war es 1915 Schauplatz einer der größten Schlachten des Ersten Weltkriegs. Einer der damaligen türkischen Befehlshaber war Kemal Atatürk.

Oben Die Geschichte Bodrums, des antiken Halikarnassos, ist reich an berühmten Persönlichkeiten, unter ihnen König Mausolos: Er machte die Stadt zur Hauptstadt von Karien. Nach seinem Tod wurde er in einem gewaltigen Grabbau beigesetzt, dem Namensgeber aller späteren »Mausoleen«.

Unten Die Festung Kızkalesi, die »Mädchenburg«, bei Korykos. Der Legende nach sperrte ein König seine Tochter in dieser Burg ein, um ihren prophezeiten frühen Tod zu verhindern. Das Schicksal nahm jedoch seinen Lauf, das Mädchen starb durch einen Schlangenbiss.

Rechts Auch die sogenannte »Landburg« gehört zur Kızkalesi. Wie die Seefestung wurde auch sie um das 12. Jahrhundert erbaut und hatte durch einen Damm Verbindung mit dem Land.

Freizeitparadiese

Unten Die kleine Stadt Antalya ist ein Dorado für Hobbyarchäologen und Segler. Das antike Antalya erlebte seine Blütezeit unter der Herrschaft der Römer.

Rechts oben Die Wasserfälle des Flusses Düden in der Nähe von Antalya sind besonders während der Schneeschmelze im Frühjahr ein beeindruckendes Schauspiel.

Rechts unten Der kleine Hafen von Kaş bietet am späten Nachmittag ein idyllisches Bild. Gegenüber befindet sich die griechische Insel Kastellorizon, die ein beliebtes Ziel für Tagesausflüge ist.

S. 34/35 Der Yachthafen von Marmaris zeigt, dass hier beste Bedingungen für Segler herrschen. Aber auch das fröhliche Nachtleben der Stadt macht sie zum idealen Urlaubsort.

Oben Der reizvolle Ort Kale ist fester Programmpunkt auf allen Yachtkreuzfahrten in der Gegend. Er wird von der Ruine einer mittelalterlichen Festungsanlage überragt.

Rechts oben Der antike Name von Alanya ist »Korakesion«. Der Hafen wird vom mächtigen Roten Turm (Kızıl Kule), einer Seldschukenfestung, flankiert.

Rechts Mitte Ölü Deniz, das türkische »Tote Meer«, eine Bucht mit weißem Sandstrand, ist nur wenige Kilometer von Fethiye entfernt.

Rechts unten Der Rote Turm von Alanya wurde zum Schutz vor Kriegsschiffen am Hafen errichtet. Heute ist eine ethnologische Sammlung darin untergebracht.

Westanatolien: Faszinosum Natur

Unten Die »Versteinerten Wasserfälle« von Pamukkale bestehen aus Kalkablagerungen von warmen Quellen. Der Name Pamukkale bedeutet soviel wie »Baumwollschloss«.

Rechts Die Sinterterassen bilden einen Abhang von fünf Kilometern Breite und über 100 Metern Höhe. Die größeren Bassins werden zum Leidwesen der Umweltschützer von Touristen gern als Planschbecken benutzt.

Unten Auf den Feldern zwischen Bursa und Canakkale werden vorwiegend Sonnenblumen angepflanzt. Weiter östlich, entlang der Küste des Marmarameers, wird auch Obst angebaut.

Rechts oben Die Schluchten am Oberlauf des Euphrat sind von einer wilden Schönheit. Euphrat und Tigris sind die beiden mythischen Flüsse des Garten Eden. In dem Gebiet zwischen den beiden Flüssen liegt die Wiege der berühmten mesopotamischen Kultur: mesopotamos bedeutet »Land zwischen den Flüssen«.

Rechts unten Gölbaşı, in der Nähe des Nemrut Dağı, ist das Herz Südostanatoliens. Das Taurusgebirge ist ein ruhevoller Gegenpol zu den lebhaften Küstenstädten.

Unten Surreale Formen in vom Wind bearbeitetem Tuffstein: Dies ist die typische Landschaft Kappadokiens, die ehemals Refugium vieler Einsiedler war.

Rechts In einzelnen Gebäuden von Çavuşin finden sich Fresken, die auf das 9. Jahrhundert n. Chr. zurückgehen. In die das Dorf umschließenden Felswände sind zahlreiche Wohnungen gehauen.

Links Auch in Zelve war der Tuffstein Wohnort für ganze Generationen; das Felsendorf wurde 1967 zum Museum deklariert.

Oben Vulkanausbrüche bedeckten in Kappadokien große Gebiete mit Tuffasche, die sich in Schichten unterschiedlicher Festigkeit ablagerte. Wind und Wetter spalteten die Schichten auf und wuschen tiefe Schluchten und Türme aus dem Stein. Hierbei entstanden die berühmten »Feentürme« und entstehen noch immer: Der Erosionsprozess ist nicht abgeschlossen.

Unten Uçhisar liegt im fruchtbaren Tal von Göreme. Den frühen Christen war dieses Tal ein willkommenes Versteck: Hier konnten sie unbehelligt ihre verbotene Religion ausüben.

Rechts unten Der Legende nach gab es in Göreme einst 365 Kirchen, für jeden Tag im Jahr eine. Im 9. Jahrhundert n. Chr., der Blütezeit der Mönchsbewegung, wurde hier eine berühmte Theologieschule gegründet.

Rechts Durch einen Einsturz freigelegte Wohnungen in Zelve. Nachdem sich solche Vorfälle Mitte dieses Jahrhunderts immer häufiger ereigneten, verließen 1953 die letzten Bewohner den Ort.

S. 48/49 Wiesen mit Heidekraut und im Hintergrund die Tuffsteinhügel Kappadokiens. Von den Städten Ürgüp und Avanos aus kann man eine zauberhafte Region erforschen.

Das Land des Ararat

Links oben Der Berg Ararat, auf dem laut Bibel die Arche Noah strandete, heißt bei den Armeniern »Mutter der Erde«.

Links Mitte Das Ararat-Hochland in Ostanatolien. Die Gipfel erreichen Höhen zwischen 3000 und 5000 Metern, der Ararat sogar 5165 Meter – die höchste Erhebung der Türkei.

Links unten und Mitte rechts
Die Menschen in dieser Region an der Grenze zum Irak leben meist von der Schafzucht – weitab von größeren Städten und oft unter einfachsten Bedingungen.

Rechts Bei Hasankeyf in Südostanatolien streift der Tigris die Überreste einer Brücke vom Ende des 11. Jahrhunderts. In der Antike hielten die Römer hier einen Vorposten gegen die Perser.

Links Am südlichen Ufer des Sees Van. Der 1720 Meter über dem Meeresspiegel gelegene See erreicht Tiefen von bis zu 400 Metern.

Rechts oben Der İshak-Paşa-Palast liegt über den Ruinen der alten Stadt Doğubeyazıt. Obwohl größtenteils zerstört, gilt er als das orientalische Neuschwanstein.

Rechts unten Das mächtige Eingangstor einer in Zentralanatolien gelegenen Karawanserei. Diese Anlagen waren dazu bestimmt, Mensch und Tier Unterkunft zu gewähren. Sie entstanden im Nahen Osten und in Nordafrika entlang der großen Karawanenstraßen, die Orient und Okzident miteinander verbanden und dabei stets die Türkei durchquerten.

DER ZAUBER DES ORIENTS

Links oben Byzanz, Konstantinopel, Istanbul: drei Namen für eine der größten Metropolen der Antike: Tausend Jahre lang war die Stadt Mittelpunkt der wichtigsten geschichtlichen Ereignisse des Okzidents. Heute ist Istanbul eine Großstadt mit fast zehn Millionen Einwohnern.

Links unten Die Bosporus-Brücke, sie ist mit 1,6 Kilometern Länge die größte Asiens, wurde 1973 anlässlich des 50. Jubiläums der Ausrufung der Republik eingeweiht. Am asiatischen Ufer der Meerenge erhebt sich der Palast von Beylerbey.

Rechts Der Kopf von Zeus Oromasdes auf dem Nemrut Dağı, einer mit gigantischen Götter- und Heldenstatuen übersäten Anlage. Antiochos I. (69–34 v. Chr.), der Herrscher über das Reich Kommagene, errichtete sie zu seiner Verherrlichung, nachdem er sich selbst zum Gott erklärt hatte.

Oben Die Blaue Moschee vor ihrem Vorbild, der Hagia Sophia. Als einzige Moschee Istanbuls besitzt sie sechs Minarette; ihr Bauherr Sultan Ahmed sah sich verpflichtet, der heiligsten islamischen Moschee in Mekka ein siebtes zu stiften, um ihre Vorrangstellung nicht in Frage zu stellen.

Istanbul, zwischen Magie und Pracht

Rechts oben Auch die Neue Moschee ist architektonisch der Hagia Sophia verwandt, unterscheidet sich von ihr jedoch durch vier, statt zwei die Hauptkuppel umgebende Halbkuppeln. Die Sultanin Safiye, Mutter von Mehmed III., gab ihre Errichtung 1597 in Auftrag. Geldmangel und ein Brand ließen den Bau jedoch bis 1663 dauern. Im Hintergrund ist die Galatabrücke zu sehen.

Rechts Mitte Im von 24 Kuppeln überwölbten Kreuzgang der Neuen Moschee befindet sich der ehemals für Waschungen vorgesehene Brunnen. Heute dienen diesem Zweck nüchterne Wasserhähne vor der Moschee.

Rechts unten Auf das von Kaiser Septimus Severus 203 n. Chr. angelegte und später von Konstantin dem Großen erweiterte Hippodrom weisen heute nur noch der abgebildete Theodosiusobelisk, die Schlangensäule und der im Hintergrund erkennbare Gemauerte Obelisk hin. Die übrige Bausubstanz diente seit dem 16. Jahrhundert als Steinbruch für andere Bauwerke.

Unten Die lange Geschichte der Hagia Sophia ist durch Brände, Zerstörungen, Wiederaufbau und Umbauten gekennzeichnet. Seit Konstantin im Jahr 325 den Grundstein für eine erste Basilika an der Stelle legte, sind beinahe 17 Jahrhunderte vergangen.

Rechts Den Hauptraum der Hagia Sophia zierten einst 16 000 Quadratmeter Goldgrundmosaike, von ihnen sind nur Reste geblieben. Die runden Schilde stammen aus dem 17. Jahrhundert, ihre Kalligraphien stellen Namen von Kalifen dar. Das Bodenmosaik links unten ist der »Nabel der Welt«: Hier soll der Thron der byzantinischen Kaiser gestanden haben.

عثمان رضي الله عنه

Links oben Der Palast von Dolmabahçce am Ufer des Bosporus: Seine Meeresfassade ist 600 Meter lang. Hier lebte von 1923 an Kemal Atatürk, der Vater der türkischen Nation, bis zu seinem Tod 1938.

Links Mitte Ein prächtiger Garten, angelegt von dem deutschen Architekten Sester, umgibt das Gebäude.

Links unten Die Prunktreppe des Palastes. Die Residenz wurde 1843 von Sultan Abd ül-Medschid I. in Auftrag gegeben, da das Topkapı-Serail seinen Ansprüchen nicht mehr genügte. Man verbaute 14 Tonnen Gold, 40 Tonnen Silber und gab nach heutigem Kurs eine Milliarde Mark aus.

Rechts Der prächtige Thronsaal des Dolmabahçce-Palastes. Der Name bedeutet »aufgefüllter Garten«: Sultan Ahmed II. ließ hier Anfang des 17. Jahrhunderts einen kleinen Hafen auffüllen, um ein Schloss zu errichten, das nach mehreren Bränden vom heutigen Gebäude ersetzt wurde.

Links oben Der Topkapı-Palast wurde von 1459 bis 1465 von Mehmed dem Eroberer erbaut. Fenster und Türen dieses Flügels des Palastes sind mit Perlmutt und Elfenbein verziert.

Links Mitte Die Bibliothek von Ahmed III. befindet sich im dritten Hof des Topkapı-Palastes. Sie beinhaltet über 4000 türkische, arabische und griechische Handschriften sowie die lückenlose Sammlung der von den Gläubigen als heilig angesehenen Sultansgewänder.

Mitte rechts Prunkvolle Paneele wie dieses bedecken die Wände vieler Palastgemächer.

Links unten Ein Trinkwasserbrunnen im Kreuzgang von Eriwan, den Sultan Murat IV. im Jahr 1635 errichten ließ.

Rechts Ein verschwenderisch ausgestattetes Gemach des Topkapı-Palastes. Der Name des Sitzes der osmanischen Sultane bedeutet »Palast des Kanonentores«: Der Eingang in Richtung Meer war mit zwei mächtigen Kanonen versehen.

S. 64/65 Majoliken aus einer Halle des Topkapı-Palastes. Menschen wurden nicht abgebildet, da der Islam die Darstellung des menschlichen Körpers verbietet.

Links Der Kapalı Çarşı (Großer Basar): Hier findet man gut 4000 kleine Läden, Restaurants und Boutiquen, aber auch Moscheen und Cafés. Das Herz des Basars ist der Eski Bedesten, ein von 15 Kuppeln überdachter Saal, der auf das Jahr 1461 zurückgeht.

Oben Das scheinbare Chaos der feilgebotenen Produkte hat System: Waren der selben Art werden in der gleichen Gasse ausgestellt.

Rechts oben Der Basar ist eine Welt für sich, mit eigenen Sitten und Bräuchen. Eine der Grundregeln des orientalischen Handels ist: Um jede Ware muss gefeilscht werden. Frühaufsteher kaufen hierbei billiger: Der erste Kunde des Tages bringt nach dem Glauben der Händler Glück, ihm wird ein besonders günstiger Preis gewährt.

Rechts unten Die Vielfalt der angebotenen Waren ist riesig. Es gibt einfach alles.

Links Ein byzantinisches Deckenmosaik in der Kirche des Hl. Salvator. Das Gebäude aus dem 11. Jahrhundert wurde während der Plünderung Konstantinopels durch die Kreuzritter teilweise zerstört. Später diente das Gebäude als Moschee, heute ist ein Museum darin untergebracht.

Oben Die von Justinian angelegte Yerebatan-Zisterne, vom Volksmund auch »Versunkenes Schloss« genannt, fasst etwa 80 000 Kubikmeter Wasser, das über eine 19 Kilometer lange Leitung aus dem Belgrader Wald hierher fließt.

Unten Der Hauptraum der Süleymaniye-Moschee, die 1550–1557 nach den Plänen des Architekten Sinan, des »türkischen Michelangelo«, erbaut wurde. Vier Granitsäulen tragen das Gewicht der Zentralkuppel; die zahlreichen Glasfenster wurden vor allem zur Verbesserung der Akustik eingesetzt.

Unten Die 138 farbigen Glasfenster stammen unter anderem von dem berühmten Glasmaler Ibrahim Usta.

Rechts oben Das Hauptgebäude der Moschee ist von sieben Medresen umgeben: fünf Gymnasien, einer Fachschule und einer Universität. Im Mittelpunkt des Komplexes befindet sich der von einem Säulengang umgebene Innenhof, in seinem Zentrum der Brunnen für rituelle Waschungen.

Rechts unten Die Hauptkuppel mit ihren 53 Metern Höhe und 27 Metern Durchmesser ist mit Luftlöchern versehen, die für Temperaturausgleich sorgen und die Akustik zusätzlich verbessern sollen.

S. 72/73 Das Grab von Sultan Ahmed I. und vieler seiner Familienmitglieder befindet sich in der Blauen Moschee, dem Lebenswerk des bereits mit 27 Jahren an Krebs verstorbenen Herrschers.

SULTAN MURAT
OĞLU
NUMAN

Links oben Die Weiße Burg (Ak Kale) über Ankara wurde vom byzantinischen Kaiser Michael II. aus weißem Marmor auf Grundmauern erbaut, die auf das 7. Jahrhundert zurückgehen.

Links unten Ein hethitisches Steinrelief im Museum für anatolische Kulturen, Ankara. Die umfangreiche Sammlung gibt Zeugnis von den frühen Zivilisationen auf dem Gebiet der heutigen Türkei.

Oben Ein Blick über Ankara von der Weißen Burg aus. Der Ort war ein ruhiges Städtchen, bis 1920 Atatürk von hier aus den Widerstand gegen die griechischen Truppen organisierte; 1923 wurde Ankara zur Hauptstadt ernannt.

Ankara, die neue Hauptstadt

Oben Im Stadtviertel unterhalb der Burg sind alte osmanische Häuser mit Fachwerk und hölzernen Erkern erhalten.

Unten Im Museum für anatolische Kulturen: Attische Völker, Hethiter, Phrygier, Urartäer: Auf dem heutigen Staatsgebiet der Türkei lebten viele hochentwickelte Kulturen.

Die Schmuckstücke Anatoliens

Links Die Moschee des südostanatolischen Urfa. Die Stadt kann auf eine 3500-jährige Geschichte zurückblicken: Nachdem sie in der ersten Hälfte des 2. Jahrtausends vermutlich Hauptstadt des hurritischen Reiches war, wurde sie immer wieder von berühmten Herrschern wie Alexander dem Großen und Saladin erobert. Ihre Vergangenheit brachte der Stadt 1983 den Ehrentitel *Şanliurfa* – »das ruhmreiche Urfa« – ein.

Rechts oben Ein Blick auf die Moschee von Urfa vom Kreuzgang der rituellen Reinigung aus. In der Nähe liegt die Quelle von Ruha, wo der Legende nach Abraham eine Rast auf seiner Reise von Ur nach Kanaan einlegte.

Rechts Mitte Nahe dem Dorf Harran befinden sich Ruinen, die zur ehemaligen Moschee der alten Stadt gleichen Namens gehören. Der Turm im Hintergrund diente laut Einheimischen einer hier ansässigen »ältesten Universität der Welt« für astronomische Beobachtungen.

Rechts unten Diese für Harran typischen Tonhäuser erinnern an die apulischen Trulli; sie bilden kleine eingefriedete Gruppen. Leider weichen diese angenehm kühlen und praktischen Behausungen zunehmend modernen Wohnungen.

Troja, die Stadt Homers

Links Die Stadt Troja hat einiges erlebt: die Heldentaten Achills und Hektors, die Schönheit Helenas und das tragische Schicksal der Kassandra: Sie konnte die Zukunft vorhersagen, doch niemand schenkte ihren Worten Glauben. Auch nicht, als sie ihre Mitbürger davor warnte, das hölzerne Pferd entgegenzunehmen, das ihnen die Achäer als Geschenk dargebracht hatten. Heute werden Besucher an den Toren der Stadt von einem riesigen »Nachbau« des Trojanischen Pferdes empfangen.

Rechts oben Das verhältnismäßig gut erhaltene Odeon von Troja stammt aus dem 4. Jahrhundert v. Chr. Die erste Besiedlung des Stadtgebiets lässt sich für das 3. vorchristliche Jahrtausend nachweisen.

Rechts unten Ausgrabungen haben die Überreste mehrerer Städte ans Tageslicht gebracht, die übereinander in verschiedenen Epochen erbaut wurden. Man geht davon aus, dass es sich bei dem Troja aus der homerischen Ilias um Troja VI handelt, das auf die Zeit zwischen 1900 und 1240 v. Chr. zurückgeht.

Nemrut Dağı, die Gärten des Antiochos

Links Die Ruinen von Nemrut Dağı, des monumentalen Kultplatzes und Grabes von König Antiochos I., wurden 1881 von dem Deutschen Karl Sester entdeckt. Die hier erhaltenen Basreliefs stellen häufig Begegnungen zwischen Antiochos I. und Göttern oder Helden dar.

Unten Unter dem Grabhügel von Antiochos I. erheben sich mannshohe Köpfe, die hier verehrte Gottheiten darstellen. Im Vordergrund Zeus Oromasdes, weiter hinten Tyche und Herakles.

Rechts Durch Monolithen wie diesen Kopf des Apollo wollte Antiochos I. den Glauben an die von ihm gegründete Religion festigen, einer Mischung aus griechischer und persischer Mythologie sowie eigener Vergöttlichung.

Rechts oben Wenige Kilometer von Nemrut Dağı entfernt befinden sich die Überreste des Forts Yeni Kale vom Ende des 13. Jahrhunderts; es beherbergte unter anderem eine Brieftaubenstation der Mameluken, die mit den Vögeln einen militärischen Nachrichtendienst organisierten.

Rechts unten Die Gemahlin Antiochos' I. wurde im Grabhügel von Karakus in der Nähe ihres Ehemanns beigesetzt; die Säulen, Teil der Grabanlage, trugen einst Tierfiguren.

Links oben Die römische Brücke, deren Beginn von zwei Säulen markiert wird, ermöglicht den Zugang zum Berg Nemrut, der über 2000 Meter hoch ist. Vom Gipfel hat man einen guten Blick auf die ausgedehnten Terrassenanlagen mit ihren riesigen Skulpturen.

Links unten Die Ostterrasse der Anlage: Rechts der Hauptaltar, im Hintergrund der Nordsockel, der mit Reliefs die väterlich-persischen Vorfahren Antiochos' I. verherrlichte, vorne der Südsockel der mütterlichen seleukidischen Vorfahren.

Oben Der Kopf Tyches, der Schicksalsgöttin, auf Nemrut Dağı war vermutlich Teil einer riesigen Skulptur, die durch Erosion zerstört wurde.

Rechts Das berühmte Dexiosis-Relief auf der Eski Kale, einer ehemaligen Burg in der Nähe des Nemrut Dağı: Der kommagenische König Mithradates Kallinikos gibt Herakles die Hand.

Die Friedhöfe der Lykier

Links Die Felsengräber der Lykier in Fethiye gehen auf die Zeit zwischen dem 6. und dem 3. Jahrhundert v. Chr. zurück. Um das prächtige Grab des Amyntas herum sind mehrere kleinere Gräber angeordnet.

Oben Das Amyntas-Grab wurde im 4. Jahrhundert angelegt und imitiert mit zwei Säulen ionischen Stils die Fassade eines griechischen Tempels. Die prunkvolle Scheintür hinter den Säulen verbirgt die Grabkammern.

Untergegangene Städte

Links Der antike Küstenort Simena ist für seine lykischen Sarkophage ebenso bekannt wie für die Ruinen, die bis unter die Wasseroberfläche reichen. Die Strände sind deshalb ein beliebtes Ziel für Taucher.

Rechts Die kleine Insel Kekova liegt dem Ort Kaş gegenüber. Die lykischen Hüttengräber (oben) enden erst wenige Zentimeter vor dem Meer, andere Grabstätten liegen sogar halb im Wasser (Mitte). Beim Tauchen in den Gewässern kann man auf Reste antiker Siedlungen stoßen (unten).

Ephesos, das Rom des Orients

Unten links Der Hadriantempel in Ephesos wurde um 138 n. Chr. in korinthischem Stil erbaut. Ephesos, das heutige Selçuk, war bereits eine Weltstadt, als Athen noch zur Provinz gehörte und Rom noch nicht einmal gegründet war; seine Ursprünge gehen bis in das 2. vorchristliche Jahrtausend zurück.

Unten rechts In den Überresten der Agora von Ephesos kann man noch die Stoa erkennen, die früher Geschäfte und den Sklavenmarkt beherbergte. Ihres Reichtums wegen wurde Ephesos auch »die Bank Asiens« genannt.

Rechts Die Celsus-Bibliothek wurde von C. Aquila 135 n. Chr. zum Gedenken an seinen Vater Celsus erbaut. Da 80 % der Baumasse des zerstörten Gebäudes gefunden wurden, konnte 1978 die Fassade rekonstruiert werden. Die Bücher jedoch bleiben verloren: Die Goten benutzten sie zum Heizen der Thermen. Ganz rechts eine der Statuen in der Front der Bibliothek.

S. 90/91 Der Zuschauerraum des Großen Theaters von Ephesos bot Platz für mehr als 25 000 Besucher. Das Bauwerk, das auf das 4. Jahrhundert v. Chr. zurückgeht, hat eine Höhe von 38 Metern. Der Säulenwald hinter der Orchestra trug die erhöhte Bühne.

ΑΡΕΤΗ
ΚΕΛΣΟΥ

Aphrodisias: Der Glanz vergangener Zeiten

Rechts Aphrodisias erlebte seine Blüte während der römischen Herrschaft, als es Zentrum des Aphrodite-Kultes war. Aus dieser Epoche stammt auch dieser Fries, der einen Sarkophag aus der Nekropolis schmückt.

Unten Das Theater von Aphrodisias (links) bot beinahe 10 000 Zuschauern Platz. Die Orchestra und das Proszenium (rechts) wurden im Laufe der Zeit in eine Arena für Gladiatorenkämpfe umgewandelt.

Links Das Stadion mit den gewaltigen Maßen von 262 Metern Länge und 59 Metern Breite wurde im 1. Jahrhundert n. Chr. errichtet.

Rechts Der Tetrapylon, Teil eines großen Zeremonientores aus dem 2. Jahrhundert v. Chr. Besonders kunstvoll ist die Spiralkannelierung der hinteren Säulen.

Metropolen der Antike

Links Side, an der Südküste der Türkei, wurde im 7. Jahrhundert v. Chr. von den Griechen gegründet. Der abgebildete Apollotempel geht auf die Zeit unter den Römern im 2. Jahrhundert n. Chr. zurück.

Rechts Die Hauptstraße des einige Kilometer westlich von Side gelegenen Perge wird von einem Kanal zweigeteilt, der in der Römerzeit als Wasserabfluss diente.

Mitte links Die Kızıl Avlu (Rote Halle) in Pergamon war dem ägyptischen Gott Serapis geweiht, bevor sie unter den Byzantinern in eine Basilika umgebaut wurde. Pergamon, erstmals 399 v. Chr. erwähnt, war einst die Hauptstadt des Reiches von Attalos und wurde im Jahr 133 v. Chr. römisch.

Mitte rechts Die Ruine der Thermen von Hierapolis, dem heutigen Pamukkale. Die mächtigen Gewölbe waren früher mit Marmor ausgelegt.

Links Vom antiken Sardes in der Nähe der Ägäisküste ist das Gymnasion aus dem 3. Jahrhundert n. Chr. gut erhalten. Hinter dem von Säulen umstandenen »Marmorhof« befindet sich das Tor mit einer 25 Meter hohe Monumentalfassade.

Gemälde aus Stein

Links oben Im archäologischen Museum von Antakya sind römische Mosaiken ausgestellt, die in der Gegend von Antiochias gefunden wurden.

Links unten Dieses Mosaik aus dem 4. Jahrhundert n. Chr. stellt Thetis und Ozean dar. Die Mosaiken wurden oft aus Teilen verschiedenfarbiger Flusskiesel zusammengesetzt, weshalb sie bis heute nicht verblasst sind.

Rechts oben Die Inschrift bezeichnet diese Schönheit aus dem 5. Jahrhundert n. Chr. als »Retterin«.

Rechts unten Hier ein Teil des »Mosaiks der vier Jahreszeiten«: Die Allegorie des Herbstes hat ein mit Ähren bekränztes Haupt und trägt Korngarben im Arm. Das Werk entstand im 4. Jahrhundert n. Chr.

Rechte Seite Eine Szene aus »Iphigenie in Aulis« stellt dieses Mosaik aus dem 3. Jahrhundert n. Chr. dar.

Felsenstädte

In den Tälern von Göreme, Zelve und Soğanlı in Kappadokien wurden zahlreiche Wohnungen in Felsen aus weichem Tuffstein gehauen. Auch geräumige Kirchen mit byzantinische Fresken können besichtigt werden, die Malereien sind aufgrund des besonderen Klimas gut erhalten, so in Yussuf Koc (links oben), der Geheimen Kirche in Göreme (links unten), der Kirche von Çavuşin (rechts unten) und Kadir Durmus (rechts oben). Die meisten Kirchen wurden zwischen dem 9. und dem 11. Jahrhundert eingerichtet. Die Wohnungen waren mit Lüftungskanälen ausgestattet und in verschiedene Räumlichkeiten unterteilt, wie es in Kaymakı heute noch zu sehen ist (links Mitte).

Rechte Seite Das Tonnengewölbe der Kirche von Çavuşin zwischen Zelve und Göreme wurde im 10. und 11. Jahrhundert vollständig mit Bilderzyklen aus den Evangelien ausgemalt.

DAS ERBE
DER VERGANGENHEIT

In den Wohngebieten der Großstädte, allen voran Istanbul und Ankara, sind die Frauen durchaus gleichberechtigt. In ländlichen Gebieten jedoch sind die jahrhundertealten patriarchalischen Traditionen noch nicht ausgestorben. In diesen mehr oder weniger entlegenen Winkeln des Landes führen Männer und Frauen ein strikt voneinander unterschiedenes Leben: Den Männern ist die berufliche und gesellschaftliche Karriere vorbehalten; in ihrer Freizeit treffen sie sich in Lokalen, was den Frauen strikt untersagt ist. Die Frauen dagegen führen ein Leben als Mutter, Ehefrau und einfache Arbeitskraft. Welten trennen das Leben der Frauen in diesen Teilen der Türkei von dem ihrer gleichberechtigten Geschlechtsgenossinnen im Westen.

Das traditionelle Antlitz der Türkei

Frauen bei der Ernte in der Nähe von Fethiye in Lykien. Auf den Baumwoll- und Mohnfeldern, die das anatolische Hinterland prägen, fällt den Frauen diese Arbeit zu. Die Männer kümmern sich um die Bestellung der Felder, die Aussaat, die Prüfung der Erzeugnisse sowie deren Vermarktung.

Die Geschichte der Türkei besteht aus Begegnungen verschiedenster Völker. Diese Vergangenheit spiegelt sich in den Gesichtszügen und Kleidungen der Menschen wider, von den alten Bauern im Norden bis hin zu den Kindern im lykischen Kaş. Ganz rechts ist ein Junge für die traditionelle Beschneidungszeremonie gekleidet.

S. 106/107 In Rize an der Schwarzmeerküste wird auf den Terrassenfeldern das am meisten geschätzte Produkt der Region angebaut – der Tee. Dieser ist auch das türkische Nationalgetränk und nicht, wie oft geglaubt, der Kaffee.

S. 108/109 Die Kilim-Teppiche werden sorgfältig von Hand gewebt. Diese kunsthandwerkliche Tradition geht weit in die Vergangenheit zurück; sie bildet auch heute noch die Lebensgrundlage vieler Menschen.

Masallah

IŞIK
IŞIK
RESTAURANT
KEBAP

Tempel des Wohlbefindens

Die türkischen Badehäuser haben eine jahrhundertealte Tradition. Hier gibt man sich dem Dampf, dem Schwitzen und der Massage hin. Das *hamam* von Çemberlitaş, einem der Badezentren der Türkei, hat mit seinen Säulen und Kuppeln das Ambiente einer Moschee. Berühmte *hamam* befinden sich auch in Bursa: In der Umgebung der Stadt gibt es Thermalquellen, deren Wasser Heilkraft nachgesagt wird.

Der Besuch eines türkischen Bades hat einen festen Ablauf: Im Umkleideraum wird zunächst eine Art Umhang angelegt. Von hier gelangt man in einen kühlen, danach in einen lauwarmen Raum. Ganz zum Schluss betritt man den heißen Raum. Nun geht es an die Massage, man genießt ein entspannendes Dampfbad und steigt in Marmorbecken mit heißem Wasser. Anschließend wird der Körper abgespült, man geht in den Ruheraum, in dem man plaudern und Kaffee trinken kann.

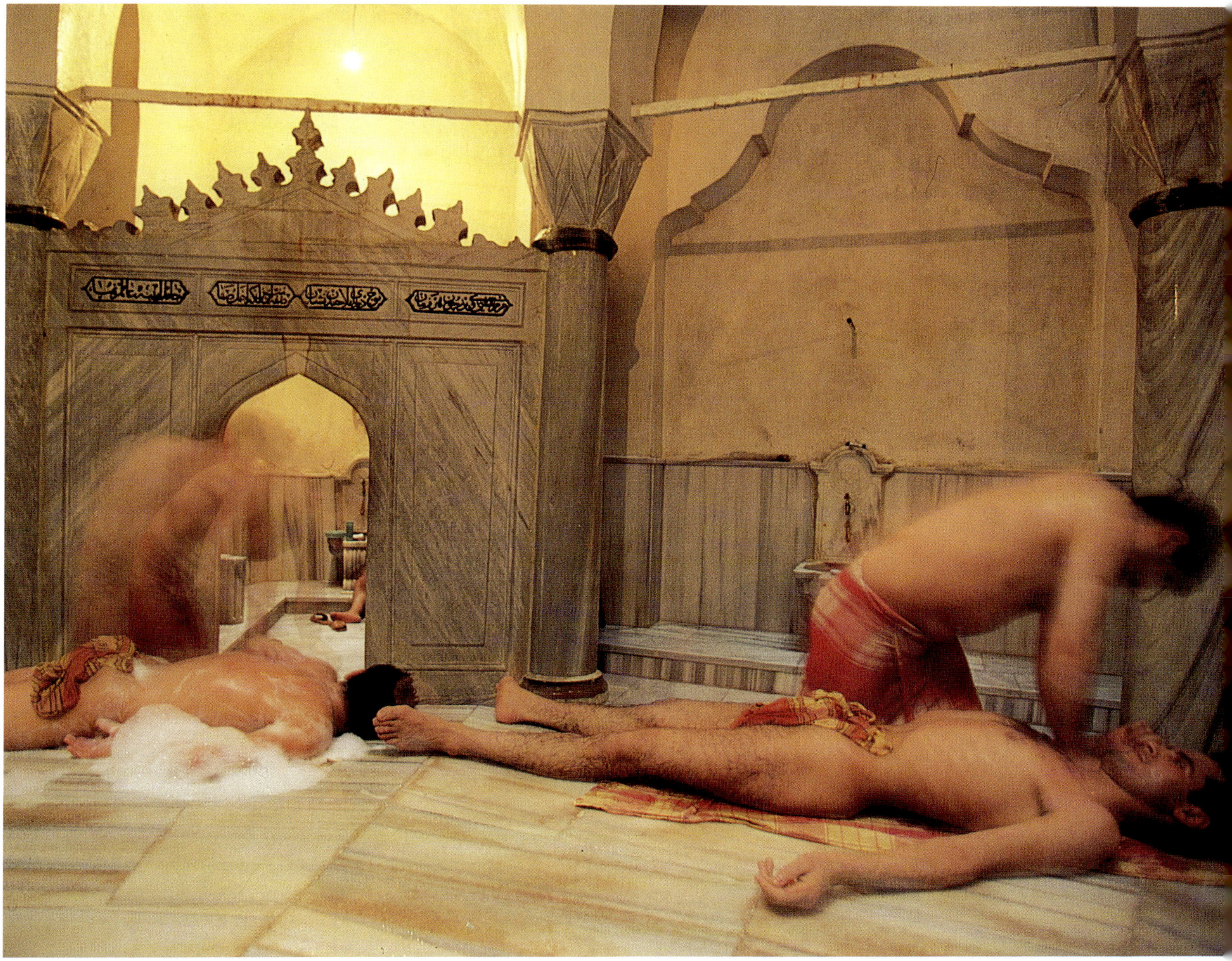

Begegnung zweier Kulturen

Links Alanya ist ein von Touristen gern besuchter Ort an der Südküste. Aus der traditionsreichen Stadt ist ein Freizeitzentrum mit einem Nachtleben sehr westlichen Gepräges geworden.

Mitte links Die Türkei ist schon lange nicht mehr das Reich der Haremsdamen, dennoch hat in den Großstädten der Zauber der Tänzerinnen überlebt; man kann sie in streng Männern vorbehaltenen Lokalen bewundern.

Mitte rechts und unten In Istanbul, wo es mittlerweile viele westliche Diskotheken und Lokale gibt, leben Folklore und Moderne auch im gastronomischen Bereich nebeneinander: Oben rechts ein traditionelles Lokal im Großen Basar, unten eine moderne Döner-Bude.

Der Kamelkampf, ein Nationalsport

Der Kamelkampf hat sowohl im Landesinneren als auch an der Ägäisküste eine jahrhundertealte Tradition. In Selçuk wird diesem Sport mit besonderer Leidenschaft gefrönt. Die Kamele sind mit aufwendigem Zaumzeug geschmückt, sie werden eigens für den Wettkampf trainiert und mit *raki*, einem Anisschnaps, »gedopt«. Die Tiere gehen mit Stößen und Bissen aufeinander los – Sieger ist, wer länger auf den Beinen bleibt. Mit dem stärksten und aggressivsten Kamel gewinnen natürlich auch alle, die auf es gesetzt und das Tier und seine Trainer angefeuert haben. Rechts ist einer der Männer zu sehen, die den traditionsreichen Beruf des Kameltreibers noch ausüben.

Edirne, ein Marktflecken in Thrakien, ist das Zentrum des türkischen Ringkampfes, der sich landesweit großer Beliebtheit erfreut. Hier findet in der ersten Juliwoche auf einer kleinen Insel im Fluss Tunca das traditionelle Turnier »Edirne-Kırkpınar-Yağlıgüres« statt - die Kämpfe ziehen Tausende von Zuschauern an. Die Ringer tragen die *kispet*, eine knielange Lederhose und fetten sich vor dem Kampf gut ein, um dem Gegner die Griffe zu erschweren. Ein Trommler begleitet mit der *davul* die Aufwärmübungen.

Alte Traditionen

Links und rechts unten Große Gebiete der Türkei sind ländlich strukturiert. Hier leben noch alte landwirtschaftliche und nomadische Traditionen. Die einfachen Kochrezepte, wie das auf Stein gebackene Fladenbrot, haben große Ähnlichkeit mit den Kochgewohnheiten anderer ländlicher Völker des Mittelmeerraums.

Rechts oben Nicht alle von der Landwirtschaft geprägten Regionen sind arm. In Kappadokien etwa werden die Einnahmen aus dem Weinanbau durch solche aus dem Tourismus ergänzt.

3401 GT 0581

Handelsschiffe und Fischerboote liegen in Foça, dem antiken Hafen Phokäa, vor Anker. Insbesondere die Ortschaften an der ägäischen Küste sind reich an Seefahrertraditionen. Der Handel in den Küstendörfern wurde zunächst von den Griechen, später dann von Römern und Arabern gefördert.

Lebendige Religion

Eine Gruppe von Mädchen während einer religiösen Zeremonie in Büyük Ada. Obwohl die Türkei offiziell ein laizistischer Staat ist, kommt den religiösen Gebräuchen und Festen aus dem islamischen Kalender große Aufmerksamkeit zu. Dieser Kalender richtet sich nach dem Mond und hat nur 354 Tage.

Muslimische Schülerinnen in traditioneller Kleidung. Der Einfluss Atatürks, der die Trennung von Staat und Kirche durchsetzte, ist noch immer zu spüren, insbesondere in den Großstädten. Dennoch ist eine starke islamische Bewegung entstanden, die allerdings den demokratischen Parteien gegenüber ein ziviles Verhalten an den Tag legt.

Die Kurden, ein Staat im Staat

Auf einem schmalen Landstreifen im äußersten Osten der Türkei leben die alten kurdischen Völker. Das »Volk des Ararat«, wie sich die Kurden auch nennen, betrachtet sich als eigene Nation und fordert als solche Autonomie. Diese Forderung stößt jedoch auf ernsthafte politische Hindernisse. Die Kurden, häufig Schäfer und Landwirte, sind sowohl in der Türkei als auch im Irak »Fremde in der Heimat«.

LUTFEN HAVUZA
PARA ATMAYINIZ

الله لا اله الا هو الحي القيوم

Unten Die Blaue Moschee in Istanbul verdankt ihren Namen den großen Flächen ihres Innenraumes, die mit blaugrünen İznikkacheln bedeckt sind; in der Kuppel finden sich kalligraphische Korantexte vor tiefblauem Hintergrund.

BILDNACHWEIS:

Antonio Attini / White Star:
Seite 6/7, 9, 21 unten, 88, 89, 90/91, 92, 93, 94, 95 links, 96 oben rechts.
Marcello Bertinetti / White Star:
Seite 50, 53 unten, 87 Mitte und unten, 103, 104 rechts, 124 links.
Giulio Veggi / White Star:
Seite 8, 14/15, 56, 60 oben, 113.
Felipe Aloceba: Seite 100 unten, 119 unten, 123, 125.
Tristan Blaise / Visa: Seite 104 links.
Massimo Borchi / Atlantide:
Seite 50/51, 52/53.
Stephane Frances / Hemispheres:
Seite 101, 108/109.
Robert Frerck / Odyssey / Ag. Franca Speranza: Seite 106/107, 119 oben, 120/121.
Patrick Frilet / Hemispheres:
Seite 122.
Gemma Giusta / Realy Easy Star:
Seite 26 unten, 124/125.
W. Louvet / Visa: Seite 100 oben, 121.
S. Nardulli / Panda Photo:
Seite 86/87, 102, 103, 118/119.
Gerard Sioen / R. Anzenberger / Ag. Franca Speranza: Seite 114, 115.
Emmanuel Valentin / Hoa Qui / Ag. Franca Speranza: Seite 53 oben.
Pawel Wytsocki / Hemispheres:
Seite 62/63, 110, 111.

Alle übrigen Fotografien in diesem Band stammen von Massimo Borchi / White Star.